AF450600

MUREAU

PAIRIE ET BARONNIE

DE

L'ÉVÊCHÉ DE VERDUN

4e ÉDITION

MONTMÉDY

Imprimerie Paul Girardot et Cie

1905

MUREAU

PAIRIE ET BARONNIE

DE

L'ÉVÊCHÉ DE VERDUN

4ᵉ ÉDITION

MONTMÉDY

Imprimerie Paul Girardot et Cⁱᵉ

1905

Chevalier de Mureau

Marquis de Vissec de Latude

Général Baron Henry

MUREAU

PAIRIE ET BARONNIE

DE

L'ÉVÊCHÉ DE VERDUN

« MIRVALT, 1060, (confirmation de la fondation du
« prieuré d'Apremont).

« Le château de Muraut était situé au nord de la côte
« d'Horn, sur un mamelon isolé qui domine Damvillers ;
« c'était une forteresse baronniale, celle de la pairie de
« Muraut, l'une des quatre de l'évêché de Verdun (Ornes,
« Muraut, Creue et Watronville), maison de nom et d'armes
« éteinte, qui portait : de gueules au cheval d'argent passant
« (Husson l'Ecossais).

« Muraut avait fait partie du domaine de Pierre de

« Chiny, dit de Mirvault. » (Félix Liénard, *Dictionnaire topographique du Département de la Meuse* comprenant les noms de lieux anciens et modernes : Imprimerie nationale, 1872).

« Lorsque l'empereur des Romains, Henri IV, Auguste,
« abandonné de tous, vint s'humilier hypocritement devant
« le Pape, à Canossa (1), dans un château de la marquise
« Mathilde, Thierry, évêque de Verdun, négociateur auprès
« du Pape et de la grande Marquise, put acquérir de cette
« dernière, le château de Murault (2)... »

. . . .

« Ce fut également dans les pourparlers de Canossa
« que fut conclu l'achat de Murault par Thierry. Wasse-
« bourg, il est vrai, ne cite pas le nom de cette forteresse,
« parmi les terres qu'il obtint de Mathilde à prix d'argent.
« Mais Laurent Léodien dit que notre Evêque a acquis
« de la marquise Mathilde le château de Murault, avec sa
« forêt, en même temps que l'abbaye de Juvigny : *Mirobalt*
« *quoque castrum cum foreste, et Abbatiam Juviniaci a*
« *Mathilde marquisa acquisivit* (3). »

La lutte ayant été reprise entre l'Empereur et le Pape, et
la vaillante Marquise ayant pris parti pour le Pape, assiégé
dans Rome et vaincu, l'Empereur partagea les biens de

---

(1) Bourg de la province de Reggio, Italie.

(2) « Vieux château fort qui protégeait la frontière N.-E. du comté de Verdun. Plus
« tard, Jean l'Aveugle, roi de Bohème, duc de Luxembourg, fit construire au pied de la
« côte, à l'ouest, une forteresse qui devint la ville de Damvillers. Prise par le maréchal
« de Châtillon en 1637, elle fut cédée à la France au traité des Pyrénées et démantelée en
« 1678. Du château de Murault, il ne reste pas même des ruines.
« On pense qu'il fut détruit lors du siège de Damvillers. Un sire de Murault, dit l'abbé
« Gabriel, se trouvait parmi les défenseurs de Damvillers. »

(3) Cités par l'abbé Gabriel, chap. XX, *cf.*, l'abbé Clouet, *Histoire de Verdun :* tome II, page 114.

Mathilde, et, par une charte datée à Metz « du 1ᵉʳ Juin 1086,
« l'Empereur confirma la possession de l'abbaye de Juvigny,
« du château de Mirenwald (Murault), et de la forêt qu'on
« dit Wœvre, » qui lui ont été donnés « à lui Notre Cher Père
« l'Evêque de Verdun, Thierry, en raison de son fidèle
« service : *ob fidele servitium*, par ladite comtesse Mathilde
« avant qu'elle ne fût déclarée coupable de lèse-majesté
« impériale : *ante quam comitissa Mathildis rea fuisset*
« *majestatis imperialis.* » (*Juvigny-les-Dames et son ancienne
Abbaye*, par Lucien Collet (1) (Frère Valéry), professeur au Pensionnat
de Juvigny-sur-Loison. pages 113, 114, 116, 117.)

« Le comte Boniface, petit-fils d'Azzo et père de
« Mathilde, fut créé en 1027, par l'empereur Conrad, duc et
« margrave de Toscane. Il ne s'épargna pas pour son suzerain ;
« il alla combattre pour lui jusqu'en Bourgogne et sur le
« Rhin... (Amédée Renée, *La Grande Italienne, Mathilde de Toscane*.
avec un portrait d'après une peinture ancienne par S. A. I. la Princesse
Mathilde).

« Boniface avait épousé une princesse de Lorraine,
« Béatrix, issue de la race Capétienne.

« .... Le Margrave avait eu trois enfants de sa femme
« Béatrix ; l'un mourut de son vivant, l'autre fils succéda à
« son père et ne lui survécut que peu de temps. Restait
« une fille âgée de sept ans, du nom de Mathilde.

« Ce fut à Lucques, alors la plus belle des villes de la
« Toscane et la résidence des Margraves, que la jeune

(1) Né à Septsarges (Meuse), directeur du Pensionnat de Saint-Léonard, à Corbigny
(Nièvre).

« Mathilde fut élevée ; elle y grandit sous la tutelle de sa
« mère…. Elle était grande, avec les beaux traits de
« Béatrix et le teint méridional de son père, belle et majes-
« tueuse femme, l'amour de tous les yeux.

« Grégoire, le prince de l'Eglise romaine, confia à
« Anselme, évêque de Lucques, la Comtesse. Anselme
« unissait à beaucoup de savoir et de sainteté, une prudence,
« une habileté consommée dans les affaires politiques. L'âme
« de Mathilde, façonnée par un tel ouvrier, s'éprit pour
« l'Eglise d'une dévotion héroïque.

« Godefroi, duc de Lorraine, parent de Béatrix, mis au
« ban de l'Empire après une lutte contre son suzerain,
« pensa rétablir ses affaires par un coup d'audace singulier :
« il franchit les Alpes avec les restes de son armée, se jeta
« à l'improviste sur la Toscane et contraignit Béatrix à rece-
« voir sa main.

« Lorsque les Normands marchèrent sur Rome, Béatrix
« et Mathilde mirent aussi leurs forces sur pied et sollici-
« tèrent le duc Godefroi d'en prendre le commandement,
« celui-ci hésita d'abord, et, avant de se décider, voulut que
« Malthilde s'engagea à épouser son fils Godefroi (1), l'héri-
« tier de Lorraine.

« Les périls de l'Eglise parlèrent si haut qu'elle céda ;
« elle mit seulement cette condition qu'elle ne quitterait
« point l'Italie pour la Lorraine et qu'elle garderait dans le
« mariage toute la pureté du célibat. L'arrangement se con-

(1) Godefroi-le-Bossu.

« clut ainsi : ce que voulait Godefroi, c'était de faire épouser
« la Toscane à son fils.

« Malthilde partit de nouveau avec son armée, décidée à
« courir elle-même toutes les chances des combats...
« Mathilde et Godefroi allèrent joindre, dans Rome même, le
« pape Alexandre et Hildebrand. » Frappée de la plus vive
douleur au moment où le pape Grégoire fulmina contre
l'empereur Henri, son parent, l'excommunication, Béatrix
mourut dans la plus sombre tristesse : « c'est à partir
« seulement de la mort de Béatrix, que Mathilde, héritière
« de sa maison, et, dès sa jeunesse précoce, associée au gou-
« vernement, devint souveraine de Toscane et des autres
« états de ses aïeux. Bien qu'elle fût duchesse, princesse et
« margrave les contemporains, et l'histoire après eux,
« l'ont toujours désignée sous le nom de la *comtesse*
« Mathilde (1). »

La vaillante Comtesse défendit avec un courage héroïque,
à la tête de ses armées, qu'elle électrisait par sa bravoure,
les états de l'Eglise contre l'empereur Henri qui contraignit
le pape Grégoire à donner la couronne impériale à son geô-
lier. Après la mort de Grégoire VII et l'élection d'Urbain II,
la lutte contre l'antipape Guibert, installé à Rome, entraîna
les complications les plus dangereuses. Henri IV, empereur
d'Allemagne, se préparait à descendre en Italie. Pour faire
face à une situation presque désespérée, Urbain « calcula,
« dans sa sagesse, que si, au courage indomptable de la

(1) Amédée-Renée, page 72.

« noble Comtesse, à toutes les ressources de ses riches
« pays, on pouvait unir les troupes allemandes du jeune
« duc Guelfe de Bavière, il résulterait de cette union un
« formidable faisceau, dont empereur et antipape ne vien-
« draient pas facilement à bout... Il s'en ouvrit à Mathilde
« et lui proposa hardiment d'épouser Guelfe de Bavière...
« Guelfe avait-dix huit ans et Mathilde alors en avait plus
« de quarante ; elle marqua donc sa répugnance à contracter
« un pareil nœud, mais le Pape insista sur les avantages
« qui en ressortirait et finit par commander au nom de
« l'Eglise. La fille de Pierre baissa la tête, et se laissa, avec
« tristesse, arracher son consentement, le mariage se fit
« donc. Est-il besoin de marquer ici que Mathilde fit encore
« ses réserves de chasteté dans ce nouveau mariage poli-
« tique, qui était moins le lien de deux personnes que de
« deux Etats ? »

Après ces luttes longues et vigoureuses, les années
s'accumulèrent sur cette princesse énergique. « Mathilde
« avait soixante-neuf ans ; sa santé dès longtemps atteinte
« par tant de fatigues, déclinait chaque jour ; ... elle reçut
« les sacrements de l'évêque de Reggio. Elle baisa le cruci-
« fix, dit son biographe, en prononçant ces mots sublimes :
« O toi que j'ai tant servi, sers-moi maintenant. » Elle
« rendit à Dieu sa grande âme le 8 juillet 1115 (1) ».

« Bien longtemps, les peuples tressaillirent au nom de
« cette grande Comtesse. Sa figure noble et attrayante parlait

---

(1) Am.-Renée, pages 220, 224, 225, 262.

« aux imaginations, Mathilde personnifiait la grâce immor-
« telle de sa patrie (1). »

La Comtesse fit don de ses Etats au Saint-Siège. « Sa
« puissance s'étendait sur l'antique Etrurie, l'Ombrie, la
« Gaule cispadane et une partie de la Gaule cispadane. Elle
« régnait depuis les portes de Rome, depuis les portes
« de Naples, jusqu'au pied des Alpes du Tyrol : les états
« de l'Eglise étaient réduits à un petit nombre de villes,
« telles que Viterbe, Ostie.

« Mathilde possédait le duché de Spolète, la marche
« d'Ancône, la Toscane, le Parmesan, le Modenois, le
« Crémonais, le Ferrarais, le marquisat de Ligurie. qui
« venait toucher à la France, la Corse et la Sardaigne.

« Mathilde avait, en outre, des possessions en Lorraine
« du chef de sa mère ; car en 1080, dit Albéric, moine de
« Trois-Fontaines, elle donna à l'évêque de Verdun, l'abbaye
« des moines de Guise (2). »

Dans sa brillante apologie de Grégoire VII (2), M. Emile
Gebhart, de l'Académie Française, célèbre l'héroïsme de la
Comtesse : « Cette fille du marquis Boniface de Toscane avait
« alors trente ans. Elle était d'une beauté héroïque, altière
« et vaillante. Cimabue la représenta, longtemps après,
« sous le harnais d'acier d'une guerrière, les yeux superbes
« d'orgueil, guidant d'une main un cheval fougueux, tenant
« de l'autre une grenade, symbole de pureté. Elle venait
« de perdre presque à la fois son mari, Gottfried, duc de

(1) Am.-Renée, pages 220, 224, 225 262.
(2) *Autour d'une Tiare*, 1075-1085. 4e édition,

« Lorraine, et sa mère, Béatrix. qui repose toujours au
« Campo-Santo de Pise. Elle était suzeraine de l'Italie cen-
« trale, par la Toscane entière, Mantoue, Modène, Ferrare et
« Crémone, elle possédait en propre la région de Viterbe
« jusqu'à la mer, le futur *Patrimoine de Saint-Pierre*. Elle
« avait pour l'Eglise de Rome, la religion des Saintes Fem-
« mes de Jérusalem pour Jésus. A quinze ans, elle s'était
« battue avec l'épée contre l'armée allemande et l'antipape
« Honorius II. Elle rêvait de léguer à la papauté une royauté
« italienne. Elle n'avait point prévu de quelles misères et de
« quel sang l'Eglise devait payer, durant plus de deux siè-
« cles. les libéralités de son testament. Grégoire lui écrivait :
« Si je suis aimé, comme j'aime, il n'est aucun mortel
« que vous me préfériez. » Le zèle de la maison de Dieu et
« la haine de l'Empire formaient entre ces deux grandes
« âmes une communion singulière. Dante, qui n'aimait
« point le Saint-Siège, évita de rencontrer Grégoire VII au
« paradis ; mais il a placé Mathilde devant le char de la
« Rome mystique, le char de triomphe où est assise sa
« Béatrice, et l'Italie Guelfe a glorifié la grande Comtesse.
« comme la première héroïne de son indépendance nationale.
    « Mathilde rencontra Grégoire VIi entre Modène et
« Reggio. Elle était à cheval, couverte jusqu'à la ceinture
« d'une cotte de mailles dorées. La chevalerie qui l'escortait
« avait un aspect magnifique... »

PIERRE DE MUREAU. senior, seigneur dudit lieu.
Chaumont et Romagne-sous-les-Côtes. 1103 (Charte de
Gorze).

PIERRE DE MUREAU. 1180 (Cartulaire de Saint-Paul).

SYMON, Ecuyer (1), Seigneur de Mureau.

« Dans une charte de 1226, Symon, qui avait à se
« reprocher de graves dommages envers la grande église de
« Verdun et ses hommes, fait une donation à cette église,
« tant à titre de compensation et de restitution que pour
« le remède de son âme et de celles de ses prédécesseurs.
« Huart de Moulainville et Scilerne de Crépion, leurs pères,
« leurs familles et leurs héritiers. J'ai fait, dit-il en terminant,
« apposer avec mon sceau sur cette présente charte, le sceau
« de mon vénérable frère Henri, prévôt de Montfaucon (2) ».

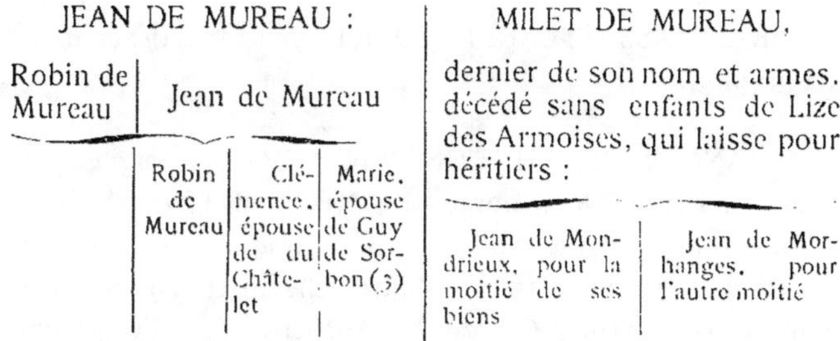

qui vendent la Seigneurie de Mureau à HUSSON DE VILLE.

---

(1) « L'éperon d'or n'était-il pas, au moyen-âge, une marque de chevalerie? Les che-
« valiers seuls, avaient le droit de le chausser ; les écuyers ne pouvaient porter que celui
« d'argent, et, si la prise des éperons d'or constituait le premier acte d'investiture de la
« chevalerie, c'était par leur enlèvement que commençait la dégradation du chevalier jugé
« indigne d'en conserver le titre. » (Général L'Hotte : Un Officier de cavalerie, page 279.)

(2) L'Abbé Pognon, Histoire de Montfaucon d'Argonne, page 152.

(3) Notes de M. le Capitaine-Commandant Maurice Chavanne. (Extrait de l'ouvrage :
L'Ancienne Chevalerie de Lorraine. Armorial de Revel. Bibliothèque de Nancy.)

époux en seconde noces de Lize des Armoises. La terre de Mureau passa ensuite dans la Maison de Landrecourt.

1322. — Les Luxembourgeois occupent Mureau, fief rendable à l'Evêché.

Compromis par lequel l'affaire de Mureau serait arbitrée par les Comtes du Mans et d'Eu, ayant pour surarbitre le Roi de France (1).

ALIX DE VILLE, mariée à Jean de Landrecourt Ier.

JEAN DE LANDRECOURT IIe, marié à Catherine de Chauvency.

FRANÇOISE DE LANDRECOURT, mariée à Alexandre de Saintignon.

FRANÇOIS DE SAINTIGNON-BELLEVILLE, Seigneur de Mureau, Jassy et Morimont, Pair et Bailly de l'Evêché, Sénéchal, Comte de Verdun (figure comme arbitre dans une charte du 1er Janvier 1580), Maître-Echevin et Maire de Verdun (1593); marié à Claude des Ancherins (2) fille de Philippe des Ancherins, des de Failly et de Jean de la Ruelle (ascencements de la Côte des Vignes de Damvillers relevés le 28 Novembre 1579); signataire de l'adresse au Roi

---

(1) Notes de M. Camille Chadenet, décédé notaire honoraire à Verdun, le 27 mai 1901.

(2) Paul des Ancherins, Seigneur de Saint-Maurice, fut Echevin de Verdun, 1598-1627 et onze fois nommé négociateur de cette ville de 1602 à 1636.

Louis XIII pour la réunion définitive de Verdun à la France (1627) (1).

JEAN DE SAINTIGNON, Seigneur de Mureau, Bailly de l'Evêché et Comte de Verdun, fils de défunt honoré Seigneur François de Saintignon vivant Seigneur de Mureau, Jassy, Morimont, et de honorée Dame Claude du Failly, sa femme (Acte du 11 Avril 1593 reçu par Baillon, notaire à Verdun).

PHILIPPE DE SAINTIGNON, mariée à 1° Georges-Frédéric du Hautoy, Seigneur de Nubécourt ; 2° Philippe des Armoises, Seigneur d'Hannoncelles qui épousa ensuite Claude d'Allamont.

PAUL DES ARMOISES D'HANNONCELLES, Chevalier, Doyen Séculier, Pair de l'Evêché, Baron de Mureau (2).

FRANÇOIS FLORIMOND DES ARMOISES, marié à Marie d'Averhoult, fille unique de Jean d'Averhoult, Seigneur de Brienne et de Dame Philippe de Ligny (3).

FRANÇOIS FLORIMOND DES ARMOISES.

JEAN D'ALLAMONT, Seigneur de Malandry, de l'ordre

---

(1) L'adresse au Roi Louis XIII pour la réunion de Verdun à la France fut signée, en tête de la Noblesse, par les quatre Pairs de l'Evêché : MM. de Nettancourt-Vaubecourt, Baron d'Ornes, de Housse-Watronville, de Saint-Ignon-Belleville, Seigneur de Mureau et de Gourcy.

(2) Manuscrit de M. Fabry, décédé notaire honoraire à Verdun, le 7 Novembre 1879, page 117.

(3) Les d'Averhoult étaient l'une des grandes maisons de Champagne, originaires d'Arbois, et comptaient les plus belles alliances (René de Dumast, Novembre 1900).

de Saint Jacques, Gentilhomme de la Bouche et Lieutenant des Gardes du Roi d'Espagne, né à Montmédy, le 9 Octobre 1626, mort de ses blessures, Gouverneur de Montmédy, lors du siège de cette ville par l'armée française (1).

MESSIRE FERDINAND MAXIMILIEN, comte de Mérode et de Grosbeck, Baron de Jehay (2) et de Mureau, Maire souverain de la ville de Liège (actes de 1682 et 14 Juin 1683).

DAME ALBERTINE-MARIE-MADELAINE, Comtesse de

(1) 1475, prise de Damvillers par le duc René II de Lorraine. — 1542, par le duc, d'Orléans, fils de François I⁷. — 1543, reprise de Damvillers par René de Nassau, prince d'Orange ; 1552, prise de Damvillers par Henri II ; — par le Maréchal de Châtillon, le 25 Octobre 1637 : « La capitulation fut aussi honorable que possible : elle fut telle que le méri- « taient l'énergie de la défense, la valeur des Officiers du Duc Charles, et le courage du « Prince François de Lorraine, qui s'était enfermé dans la place, et le dévouement de leurs « soldats secondés par les habitants, en tête desquels étaient les Sires de Murault et de la « Horgne et autres Chevaliers du Pays.

« Ces Sires de Murault étaient les propriétaires du célèbre château de ce nom, dont il « est souvent parlé dans l'histoire de Lorraine. Ce château a joué un grand rôle au temps de « la féodalité, mais il y a fort longtemps qu'il est détruit. » (*Géographie historique, statistique et administrative du département de la Meuse*, par Pierron, libraire, et Loiseau, Inspecteur des Ecoles primaires à Verdun, 1862).

Le château de Mureau parait avoir eu un grand développement. La partie habitée par les Seigneurs, située au Sud, était défendue par une tour, au pied de laquelle on voit encore l'emplacement de l'avancée des canons, qu'en cas de péril, on rentrait par la porte, à laquelle on accède par un chemin de voitures.

L'habitation était séparée de la forteresse bâtie au Nord, par un immense fossé très pro- fond, coupant la montagne en deux parties, et qui a reçu des gens du pays le nom de « Trou du Diable ». La citerne, qui alimentait les défenseurs, est toujours béante.

Les fouilles dirigées par le Général Baron Henry, amenèrent la découverte de deux moules pour la fabrication des monnaies d'or et d'argent ; plus tard on trouva un creuset, un autre moule en poterie, une once, une superbe poignée de sabre, un éperon, une hache d'armes, deux boulets ayant une circonférence l'un de 31 centimètres, l'autre de 47 centimè- tres, envoyés par des bombardes.

L'habitation était couverte en tuile mécanique et en tuile creuse, dont on aperçoit les nombreux débris. Le sol sur lequel s'élevaient les habitations, est cultivé, et est d'une ferti- lité extraordinaire, bien qu'il n'ait reçu aucun engrais depuis 1816, et peut être depuis plus longtemps : il produit à la hauteur de 313 mètres au-dessus du niveau de la mer, les plus belles récoltes de la ferme ; au-dessous du château-fort, on remarque encore très distincte- ment dans le bois communal de Damvillers, deux défenses consistant, d'une part, en une tour ronde placée vers la pointe sud de ce bois, et de l'autre côté, à une centaine de mètres de l'extrémité vers Damvillers, un épaulement important de 70 mètres environ avec porte charretière au milieu, et recourbé ensuite vers le nord.

(2) Petite commune des environs d'Huy, province de Liège (Belgique).

Mérode et de Grosbeck, veuve du précédent. — Actes des 16 et 24 Mars et 5 Août 1686, 30 Décembre 1688 pour l'ascensement des Vignes de la Côte du Chatelet ou Château de Mureau.

MAXIMILIEN-FRANÇOIS LIBRE, Comte de Mérode, Baron d'Houffalize (1) et de Jehay, gendre des précédents : (Actes en 1690, 1691 et 1694.)

JEAN LAMBIN, Conseiller du Roi, Seigneur de Mureau et autres lieux (Actes des 17 Octobre 1699 et 15 Mars 1702 : mêmes ascensements), demeurant à Carignan (2).

JEAN DE LA GARDE, Escuyer, Conseiller du Roy au Présidial de Verdun, Contrôleur général des Finances et de Guerre en la dite Ville et Seigneur de la Seigneurie de Mureau, marié à Françoise Lambin (Jean de la Garde était fils de Marguerite Chevert et de... de la Garde : Marguerite Chevert était cousine de François de Chevert, Lieutenant général des armées du Roy, décédé le 24 Janvier 1769

---

(1) Province de Luxembourg (Belgique).

(2) « L'an mil sept cent quatre-vingt-six, le vingt-unième (*sic*) Mai, nous Gérard Man-
« dre, prêtre, curé de la paroisse de Damvillers (1), soussigné, avons baptisé Marie-
« Jeanne-Paul, fille légitime de M. Charles Lambin d'Anglemont, Écuyer, Lieutenant
« au régiment de Barrois, infanterie, et de dame Marie-Jeanne-Marguerite Carré de Ville-
« neuve, mariés ensemble en cette paroisse, en mil sept cent quatre-vingt-trois, habitant de
« cette paroisse, laquelle est née le vingt présent mois vers trois heures de relevée et a eu
« pour parrein, M. François-Paul-Gabriel d'Anglemont, Capitaine au Régiment de la Fère,
« infanterie, oncle paternel de l'enfant représenté par le sieur Charles-Arment de Failly, fils
« de Messire de Failly, Chevalier, Seigneur de Chiney, Villers-Cloie et La Neuville, Capi-
« taine-brigadier de cavalerie, gendarme de la Garde du Roi, de la paroisse de Deiut, et pour
« marreine, dame Marie-Jeanne-Lambert, épouse de Messire Eustache Carré de Villeneuve,
« Chevalier de l'Ordre militaire de Saint-Louis, pensionnaire du Roi, ancien Commandant de
« Bataillon au Régiment de Royal-Comtois, son aïeule maternelle, demeurant en cette ville,
« lesquels parrein et marreine ont aussi soussignés avec nous après lecture faite. Ainsi signé,
« Charles-Arment de Failly, Lambert de Villeneuve et G. Mandre, curé de Damvillers. »

(1) Docteur en droit.

(Acte du 8 Avril 1711), enterré à l'église Saint-Eustache de Paris.

ANNE DE LA GARDE, mariée à Henri. Marquis de Vissec de Latude, Chevalier de l'Ordre militaire de Saint-Louis, Mestre de camp de Dragons, Gentilhomme de Mgr le Duc d'Orléans, ci-devant Lieutenant du Roi et commandant pour sa Majesté en la Ville et gouvernement de Sedan, Seigneur haut justicier, moyen, bas et foncier de la Baronnie de Mureau et du fief de la Roche en partie, décédé à Sedan le 31 Janvier 1761, âgé de 80 ans et enterré en l'église Saint-Charles (1).

JEAN-FRANÇOIS BRAZY, domicilié en 1700 à Thionville, Seigneur, haut. moyen et bas justicier de Champneuville, Ormont, Menemont, Horgne et Harouzière (Harussière) en partie *(idem)*. La ferme de Harussière lui avait été transmise en héritage par feue Dame Vuillaume de Champneuville, le mari ancien officier à Verdun (2).

MESSIRE CHARLES DE BOUDONVILLE, Chevalier, Seigneur, haut, moyen et bas justicier de Delut, Morimont et Mureau en partie. (Procès-verbal de la Réformation de la Coutume générale de la Ville de Verdun et Pays verdunois (5 février 1743, Etat de la noblesse).

____

(1) *Revue d'Ardenne et d'Argonne* : Novembre 1897.

(2) Emigrés : (Vente à Nicolas Gille, cultivateur à Romagne-sous-les-Côtes, des 2 5 et des 2/3 d'un cinquième de la ferme de la Harousière (Harussière), par Jean Le Comte, ancien cultivateur à Gibercy, adjudicataire de la ferme de la Harousière provenant des héritiers Vuillaume de Champneuville, émigrés. (Actes du 8 Brumaire an IV de la République Française, une et indivisible : 30 Octobre 1795.)

D'après une tradition locale, la Marquise de Vissec de Latude était renommée pour son énergie.

Depuis un grand nombre d'années, des bandits s'étaient établis aux Carpières dans une maison qu'ils y avaient bâtie, et rayonnaient dans tout le pays frontière qu'ils rançonnaient.

Pour mettre fin à ces brigandages, la Marquise se concerta avec l'Administration municipale de Damvillers, qui consentit à prendre à sa solde comme agents de police, les membres de la famille. En revanche, la Marquise fit acquisition d'une maison bien connue de la rue de la Juée, afin de loger ces nouveaux hôtes; puis, arrivant à cheval aux Carpières, elle démontra aux malandrins, en termes comminatoires, que le chanvre qui leur servirait de cravate était mûr; qu'il leur fallait changer de métier et se ranger : en outre, elle leur annonçait les conventions passées avec les échevins de Damvillers; ils les acceptèrent. Aussitôt, la marquise fit charger sur les chariots du fermier de Mureau, les meubles et les hardes de ces coureurs de grands chemins qui s'installèrent dans le logis préparé pour les recevoir. Dans la nuit même, ils arrêtaient des voleurs, dont on suppose qu'ils n'ignoraient pas les projets.

Revenue à cheval, la marquise fit mettre le feu à la maison, dont les nombreux débris calcinés démontrent le soin avec lequel cette destruction nécessaire fut accomplie.

LE CHEVALIER DE VISSEC DE LATUDE, Seigneur de Mureau (procès-verbal d'abornement dressé par Louis Jeantin, avocat au Parlement, officier juge gruyer à Mureau, et Louis Saint-Remy, arpenteur, notaire royal et ancien échevin de l'Hôtel de Ville de Damvillers, 6 septembre 1782 (1).

L'abornement des propriétés de Mureau aboutissait sur celles de MM. Carré de Villeneuve et de la Pêche dont les noms revenaient fréquemment dans les récits des anciens; de même que celui du Comte de Mérode, ancêtre d'une des familles les plus considérables de France, dont la branche belge a fourni à Sa Sainteté le Pape Pie IX un Cardinal ministre de la Guerre. Les de Mérode sont apparentés à la famille royale d'Italie.

JEAN-BAPTISTE DE VISSEC DE LATUDE, ancien Lieutenant-Colonel de Dragons, marié à Angélique-Catherine de Sainte-Marie ; résident après la Révolution, rue Garancière. numéro 7, à Paris; leurs biens furent évalués par ordre de la Convention (2).

Suivant une légende souvent racontée par les anciens qui avaient vécu sous la Terreur, le fermier de Mureau, Nicolas-Joseph Gillant, aurait, avec le concours de sa famille, bâti dans le bois Le Coq (3) une maisonnette en pierre, pour sauver la vie du marquis et de la marquise Jean-Baptiste de

---

(1) Père du Général Saint-Remy, organisateur de la Garde municipale (aujourd'hui Garde républicaine) à Paris: elle a eu pour commandant le Colonel Lardenois. d'Écurey, père du Général Lardenois, et grand-père du capitaine de cuirassiers Henri Lardenois; le Lieutenant-Colonel était M. Rollin. de Merles.

(2) Archives de Damvillers : Procès-verbal d'estimation.

(3) Voir aux annexes.

Vissec de Latude, qui y auraient vécu cachés pendant la période des massacres et de la plus grande activité de l'échafaud révolutionnaire.

Selon cette tradition locale, le fermier et sa femme allaient la nuit secrètement porter la nourriture au marquis et à la marquise, et aussi les rares nouvelles qui annonçaient les assassinats juridiques et les meurtres (1) commis par les scélérats qui inondaient de sang et ruinaient la France.

Cette maisonnette d'après les débris en pierre, tuiles, etc., pouvait avoir une longueur de dix mètres ; vers le milieu, on a trouvé un marteau de poseur d'ardoises, et le crapaud en fer, qui soutenait le chambranle de la porte ; les amas de ces pierres n'offrant aucun intérêt rétrospectif, ont été transportés sur la Grande Tranchée du Bois de Mureau, où on voit encore leurs vestiges.

Sans contester le récit des anciens habitants de Damvillers, on peut affirmer, d'après des documents authentiques, que le séjour du Marquis et de la Marquise de Vissec de Latude, dans la cachette bâtie par leurs fermiers, n'a pas eu la durée que l'on a racontée.

En effet, profitant des troubles révolutionnaires pour se libérer des « cens en vin, perçus sur les vignes situées en la « Côte de Mureau, au profit du citoyen Jean-Baptiste Vissec-« La-Tude, propriétaire de la terre de Mureau et dépendan-« ces, demeurant à Saint-Malot *(sic)*, en la cy-devant province

(1) Voir aux annexes.
(2) Saint-Mâlo est en Bretagne.

« de Normandie (2) les citoyens Nicolas Gonor, Jean Renaux,
« Nicolas Michel, François Laurent, Jean Périn, Jean Movarin,
« Louis Magot, Nicolas Damloup et Nicolas Robert, vigne-
« rons demeurant à Damvillers, se disant agir, tant en leurs
« noms personnels, en qualité de détenteurs des vignes
« situées à la ditte Côte de Mureau, pour lesquels ils se
« portent fort, et en leurs domiciles à Damvillers, Jean
« Gérard, huissier au Canton et demeurant à Damvillers,
« avait sommé, requis et interpellé le 7 Novembre 1792 le
« prénommé en la personne du citoyen Nicolas-Joseph
« Gillant, son fermier, demeurant au dit Mureau, et en sa
« qualité de cy-devant Seigneur du dit Mureau de produire
« dans les trois mois à compter d'aujourd'hui, le titre
« primitive (sic), par lequel il lui est accordé les cens qu'il
« perçoivait (sic) sur les vignes situées sur la ditte Coste de
« Mureau, aux termes de la Loy du vingt Août dernier
« (1791) article trois du titre premier, qu'en cas de présenta-
« tions (sic) de sa part du dit titre primitif, qui constate la
« légitimité de sa perception des dits cens sur les dites
« vignes dans les délais prescrit (sic) par la ditte Loy sus-
« datté (sic), les requérants lui déclare (sic), qu'ils sont prest
« (sic) à lui livrer et paier (sic) le dit cens et arrérages, s'il
« en est due (sic) en la manière accoutumée, et ainsi qu'il le
« percevait, mais aussi les requérants lui déclarent que
« faute par lui en sa qualité de cy-devant Seigneur de
« Muraux, de produire le titre primitif, dont s'agit dans le
« délai prescrit par la Loy, ils seront aux termes de la ditte
« Loy, affranchis à perpétuité tant du paiement de tout droit
« de cens que le dit Vissec-de-Latude percevoit sur les vignes

« de la Côte de Muraux, que du rachat des mêmes droits et
« que lui Vissec de Latude sera irrévocablement deschus
« *(sic)* de toute justiffication *(sic)* ultérieure, etc. Signé :
« Gérard, 7 Novembre 1792. »

Le 4 Février 1793, « est comparu au Greffe de la Justice
« de Paix du Canton de Damvillers, Maurice-Louis Saint-
« Remy, Receveur des Domaines à Damvillers, chargé des
« affaires du citoyen Jean-Baptiste Vissec-La-Tude, proprié-
« taire de la terre de Mureau et dépendances, demeurant à
« Paris, faubourg Saint-Germain, rue de Tournon, numéro
« dix, lequel en conséquence de la signification faite à la
« requette *(sic)* du dit Jean-Baptiste Vissec-La-Tude par
« exploit de Gérard en date de ce jourd'hui duement
« enregistré aux citoyens Gonor (les mêmes noms que ci-
« dessus) a produit et déposé entre les mains de nous Jean
« Warin (1), secrétaire-greffier de la Justice de Paix du
« Canton de Damvillers, demeurant en la dite ville, les titres
« primitifs, et actes primordiaux, par lesquels il a été justifié
« que les cens en vins perçus sur les vignes situées en la
« Côte de Mureau au profit du dit de Vissec, ainsi que la
« dixme inféodée des dites vignes ont pour cause la conces-
« sion primitive des fonds sur lesquelles sont assises les
« dites vignes faitte par les anciens Seigneurs de Mureau au
« profit des premiers détenteurs. Pour être les dits actes
« primordiaux et titres primitifs au nombre de trente pièces
« communiquées sans déplacement aux dits Gonor, Renaux,
« Michel, etc., ce dans la quinzaine pour tout délai..... »

(1) Père de M. Warin, décédé Directeur de la Poste à Verdun.

Suit le résumé des contrats d'ascensements consentis par les Seigneurs de Murcau :

Nᵒ 1. Ascensement par Mᵉ Remy Vestier, Avocat au Parlement, ancien Echevin de l'Hôtel de Ville de Verdun, fondé de pouvoir de Maximilien François Libre Baron Comte de Mérode ; 34ᵃ 55ᵉ, Noël Huart (Damvillers). 14 Juin 1683.

2. Id. 16ᵃ 20ᵉ, Jean Gallot (Damvillers), 14 Juin 1683.

3. Id. 12ᵃ 15ᵉ, Pierre Simon (Damvillers). 26 Mars 1685.

4. Id. 48ᵃ 60ᵉ, Nicolas Guillaume (Damvillers), 16 Mars 1686.

5. Id. 8ᵃ 10ᵉ, Jean Huguin (Damvillers). 24 Mars 1686.

6. Id. 10ᵃ 20ᵉ, François Montignon (Damvillers). 20 Août 1686.

7. Id. 16ᵃ 20ᵉ, Jean Péla (Reville). 6 Mars 1688.

8. Id. 16ᵃ 20ᵉ, Jacques Etienne (Peuvillers). 3 Décembre 1688.

9. Id. 48ᵃ 60ᵉ, Jean Montignon (Damvillers). 30 Décembre 1688.

10. Id. 16ᵃ 20ᵉ, Nicolas Bazin (Damvillers). 2 Février 1689.

11. Id. 32ᵃ 40ᵉ, Jean Huguet (Damvillers). 11 Avril 1689.

12. Id. 32ᵃ 40ᵉ, François Montignon (Damvillers), 18 Avril 1689.

13. Id. 16ᵃ 20ᵉ, François Montignon (Damvillers). 28 juin 1689.

14.   Id.   24ᵃ 30ᵉ, Nicolas Le Cler (Reville),
                          29 Juin 1689.

15.   Id.   3ᵃ 44ᵉ, François Liédot (Damvil-
                          lers), 28 Mars 1690.

16.   Id.   8ᵃ 10ᵉ, Claude de Horgne (Dam-
                          villers), 28 Mars 1690.

17.   Id.   8ᵃ 10ᵉ, Paul Chérion (Damvillers),
                          23 Avril 1690.

18.   Id.   32ᵃ 40ᵉ, Pierre Jacquemin le jeune
                          (Damvillers), 15 mai 1690.

19.   Id.   48ᵃ 60ᵉ, Nicolas Guillaume (Dam-
                          villers), 15 Mai 1690.

20.   Id.   8ᵃ 10ᵉ, Bertrand Guillaume (Dam-
                          villers), 15 mai 1690.

21.   Id.   8ᵃ 10ᵉ, Jean Rigonet (Damvillers),
                          10 Décembre 1690.

22.   Id.   48ᵃ 60ᵉ, Pierre Belay (Damvillers),
                          10 Décembre 1690.

23.   Id.   24ᵃ 30ᵉ, Charles Chenon (Damvil-
                          lers), 1ᵉʳ Avril 1691.

24.   Id.   32ᵃ 40ᵉ, Nicolas Basinele (Damvil-
                          lers), 27 Juillet 1691.

25.   Id.   32ᵃ 40ᵉ, Catherine Liédot (Damvil-
                          lers), 9 Septembre 1691.

26.   Id.   56ᵃ 70ᵉ, David Dimanche (Damvil-
                          lers), 14 Octobre 1691.

27.   Id.   20ᵃ 25ᵉ, Pierre Simon le jeune
                          (Damvillers), 3 Mars 1694.

28. Jean Lambin, Seigneur
       de Mureau.......   24ᵃ 30ᵉ, Marie Vergalant (Damvil-
                          lers), 17 Octobre 1699.

29.   Id.   32ᵃ 40ᵉ, Nicolas Patin (Damvillers),
                          17 Mars 1702.

30. Françoise Lambin, Da-
me de Mureau. . . .   32ᵃ 40ᵉ, Antoine et Nicolas Habrant
et Raimond de la Barre
(Damvillers) 21 Nov. 1723.

Aux termes des actes d'ascensement rédigés par les Notaires de Damvillers et de Verdun, les Seigneurs de Mureau « reconnaissaient avoir cédé, quitté et abandonné à « titre de bail et ascensement perpétuel à commencer d'au- « jourd'hui à Bertrand Guillaume demeurᵗ à Damvillers « présent et acceptant pour lui et ses ayant cause un jour « de terre situé à la Côte de Mureaux proche de Damvillers « pour la mettre en nature de vigne et de payer annuellement « à la recepte de la Seigneurie de Mureau toujour au Jour et « feste de Sᵗ-Martin d'hyver quatre septiers de vin de cens « qu'est à raison d'un septier par quart. Le premier paye- « ment, Du qu'el se fera à la Sᵗ-Martin d'hyver de l'an mil six « cent nonante et un et par après continuera d'années à autre « à pareil jour si non ce faulte de ce et d'entretenir la dite « vigne en bon estat sera permis au dit Seigʳ Comte de « Mérodes de rentrer de plein droit en la possession et jouis- « sance de la dite pièce sans autre forme ni figure de procès « après une simple sommation jouira le dit preneur du dit « jour de terre de mesme que les autres détenteurs des héri- « tages de la dite Coste en jouissent et payera la dixme « inféodée au Seigneur de Mureaux, ainsi qu'ils la paient et « l'ont payés cy-devant pour ce quoy satisfaire il a obligés « tous ses biens et le dit sʳ Vestier ceux de la dᵗᵉ Seigneurie « pour la garantie du présent ascensement : fait à Verdun le « quinziesme May mil six cent nonante un au Midy, et le dᵗ

« sr Vestier signé et le dt preneur marqué Déclarant ne
« savoir signer de ce interpellé. Lecture faite en la minutte
« des présentes. »

Trente pièces de terre avaient donc été l'objet d'autant de
contrats d'ascensement.

La production des trente contrats d'ascensement démontra l'étrangeté de la réclamation des preneurs, qui, pour la
plupart, devaient avoir entre les mains les titres et ne pouvaient ignorer que la minute était déposée chez les Notaires
soit de Damvillers, soit de Verdun. Les archives de Mureau
ne contiennent aucun éclaircissement sur la suite qui fut
donnée à cette affaire, où le droit des propriétaires successifs,
de même que les obligations des preneurs étaient nettement
établis. Tout ce que l'on sait, c'est que le Général Baron
Henry, auquel les hommes de loi conseillaient de faire procéder au paiement des loyers échus et non encore soldés, ou
de rentrer en possession des immeubles ascensés, s'y refusa
et l'affaire n'eut pas d'autre suite. Son héritière, Mme
F.-J.-B^{te} Chadenet se conforma à ses intentions, et, par son
abstention, fit cadeau aux détenteurs, des trente pièces de
vigne jadis ascensées, et dont la contenance totale était de
7 h., 58 a., 89 c.

Il résulte, d'autre part, des documents précités, que le
Marquis de Vissec de Latude résidait en 1792 « à Saint-Mâlot,
« en la cy-devant province de Normandie », et en 1793
« à Paris, faubourg Saint-Germain, rue de Tournon, numéro
« dix. »

JEAN-PHILIPPE ERHARD STUBER, Hollandais, propriétaire, ancien banquier, demeurant à Paris, rue de Bondy, n° 7 ; acquéreur sur saisie-immobilière par les créanciers hypothécaires du Comte et de la Comtesse de Vissec de Latude (1) ; jugement du Tribunal de Montmédy du 5 Janvier 1812.

Lorsque la Marquise du Plessis-Bellière légua l'universalité de ses biens meubles et immeubles à Sa Sainteté le Pape Léon XIII, et notamment le superbe hôtel de la Place de la Concorde à Paris, cet hôtel fut mis en vente en 1898 au prix de 1.200.000 fr. et vendu 1.300.000 fr. à M. Robert Lebaudy pour la Société des Automobiles.

Parmi les héritiers dénommés au cahier des charges affiché sur les piliers de l'hôtel, on remarquait le nom de deux dames portant le nom de « de Fabre de Latude », domiciliées à Montpellier (Hérault), département originaire des anciens propriétaires de Mureau.

Aux annonces de mariage du mois d'Août 1902, à Paris, on remarquait celui du Marquis Henri de Romanie de Mesmon avec Mlle Marguerite de Mannoury de Croisilles.

Le fiancé, fils de feu le Baron Louis de Romanie et de la baronne, NÉE DE VISSEC DE LA TUDE, est le chef d'une famille liégeoise fixée au seizième siècle dans le Rethelois. D'autre part, le baron Fabre de la Tude habite le château des Belles-Eaux, par Caux (Hérault).

---

(1) Par jugement du même Tribunal, à la même date « les sieurs Bernard de Vissec « de Latude, ancien capitaine, demeurant à Carignan, et François de Vissec de Latude, pro- « priétaire, demeurant à Montagnac (Hérault), ont été déboutés de l'opposition qu'ils avaient « faite par exploit de ce jourd'hui, en qualité d'héritiers bénéficiaires du dit sieur Jean-Bap- « tiste de Vissec-de-Latude, décédé pendant les poursuites à l'adjudication définitive de la « dite Métairie de Mureau. »

LE GÉNÉRAL BARON JEAN-PIERRE-HENRY, né à Saint-Laurent, le 1er Octobre 1757 ; mort à Verdun, le 22 Février 1835 : Baron de l'Empire, suivant lettres patentes du 3 Mai 1809 ; Colonel de la Garde Impériale, le 15 Février 1810 ; Commandant la Gendarmerie d'Elite ; Commandant de Colones mobiles sur les rives de la Loire, de la Sarre, du Rhin, dans la Sarthe, la Savoie, dans les provinces de l'Ouest et en Belgique, en 1809 et en 1811, sous les ordres du Maréchal Moncey (1), Commandant en Chef de la Gendarmerie française, et du Général Savary (2), Commandant de la Gendarmerie d'Elite ; Général de Brigade, le 6 Mai 1812, Général Commandant la Gendarmerie Impériale de Paris, le 21 Mars 1815 ; Chevalier de la Couronne de fer d'Italie, le 25 Décembre 1807 ; Commandeur de la Légion d'honneur, le 25 Décembre 1812 ; acquéreur, le 30 Juillet 1816, par échange du château de Beauvoir, près Evry-les-Châteaux (Seine-et-Oise).

L'Empereur Napoléon 1er, en conférant le titre de Baron au Major Colonel Henry, lui accorda une dotation attachée à ce titre nobiliaire. Ce fut dans une séance du Conseil du Sceau des Titres qu'elle fut constituée sous la Présidence « de « Son Altesse Serenissime Monseigneur le Prince Archichan- « celier de l'Empire (3) ; étaient en outre présents : M. le « Comte G. Garnier, M. le Comte Colchen, Sénateurs ; M. le

---

(1) Duc de Conegliano.
(2) Duc de Rovigo.
(3) Cambacérès.

« Chevalier d'Auterive ; M. le Chevalier Portalis (1),
« Conseiller d'Etat ; M. le Baron Pasquier (2), Maître des
« Requêtes, Procureur Général du Conseil du Sceau des
« Titres, et M. le Baron Dudon, Auditeur, Secrétaire-
« Général du même Conseil.

« Dans cette séance, il a été procédé, ainsi qu'il suit, à
« la constitution d'une partie du majorat attaché par Sa
« Majesté Impériale et Royale au titre de Baron, lequel
« par décret du 30 Mars dernier, a été conféré à M. Jean-
« Pierre Henry, Major-Colonel de la Gendarmerie d'Elite,
« Officier de la Légion d'honneur.

« M. le Baron Henry, se trouvant empêché par son
« absence à cause de son service militaire, de se rendre à
« la séance du Conseil..., M. Delacroix-Frainville, Avocat
« au Conseil d'Etat, qui le représente, a déposé sur le bureau
« un extrait du Décret Impérial rendu à Madrid le vingt-un
« Décembre mil huit cent huit, et une expédition de l'Etat

(1) Avocat, administrateur de la Province de Provence ; entre en 1795 au Conseil des Anciens ; proscrit au 18 Fructidor pour sa résistance aux violences du Directoire, s'enfuit en Allemagne ; revint en 1800, entra au Conseil d'Etat, prit une grande part à la rédaction du Code Civil, négocia le Concordat (1801) ; Directeur des Affaires ecclésiastiques ; Ministre des Cultes (1804-1807), Membre de l'Académie Française.

(2) D'une famille parlementaire, descendait d'Etienne Pasquier, jurisconsulte et historien du XVIᵉ Siècle ; son grand-père et son père, Conseillers au Parlement ; ce dernier comdamné à mort sous la Terreur et exécuté (1794). Pasquier, nommé Maître des Requêtes, fut l'objet d'un mandat d'arrêt du Tribunal révolutionnaire. Après avoir échappé longtemps aux poursuites, il fut arrêté et jeté à Saint-Lazare, d'où il vit partir la dernière charrette qui emmenait André Chénier ; il fut sauvé par le 9 Thermidor qui lui rendit la liberté ; Maître des Requêtes en 1806 sous Napoléon 1ᵉʳ ; Conseiller d'Etat, Procureur Général du Sceau des Titres : Baron de l'Empire ; Officier de la Légion d'Honneur ; Préfet de Police sous l'Empire. Nommé par Louis XVIII Directeur général des Ponts et Chaussées ; Garde des Sceaux : Ministre de la Justice ; Député de la Seine ; Président de la Chambre. (1816) : Ministre dans les Cabinets Richelieu et Decazes ; Pair de France. (1821) ; Président de la Chambre des Pairs, 1830 ; Chancelier de France (1837) ; créé Duc, 1844 ; Membre de l'Académie française (1842) ; décédé (1862) sans enfants, adopta son petit-neveu le Marquis d'Audiffred, qui portait son nom ; Député de l'Orne ; Sénateur inamovible ; Mˡˡᵉ d'Audiffred-Pasquier, sa fille, a épousé le Marquis d'Imécourt, d'une des familles les plus anciennes et des plus considérables de la Meuse.

« y joint contenant la désignation des biens, dont il a plu
« à Sa Majesté de faire don à M. le Colonel Henry et que
« S. M. entend affecter à la constitution d'une partie du
« majorat du titre de Baron (1), dont M. le Colonel est
« revêtu » conformément au décret rendu au Camp Impérial de Madrid le 21 Décembre 1808.

Ce majorat fut constitué sur : Art. 1er : « Les biens que
« nous nous sommes réservés dans le Royaume de West-
« phalie, dont la prise de possession a eu lieu en exécution
« de notre Décret du quatre Août mil huit cent sept, ceux
« compris dans l'état annexé au présent sous le No 25, et
« produisant un revenu net de trente mille francs.

Art. 2 : « En conséquence aucune portion de ces biens
« ne pourra être aliénée ou échangée, qu'avec notre autori-
« sation expresse, et dans les formes prescrites par le titre
« quatre de nos lettres patentes du premier Mars mil huit
« cent huit, tant pour l'aliénation que pour le remploi du prix
« des biens aliénés.

Art. 4 : « Les biens dans le cas d'extinction de la
« descendance masculine et légitime sont reversibles à la
« Couronne. » Signé : Napoléon ; Pour l'Empereur, le
Ministre Secrétaire d'Etat, signé : H.-A. Maret (2) ; pour
extrait, le Comte de l'Empire, Ministre des Finances, signé :
Gaudin (3).

(1) D'or. à la fasce d'azur, chargée d'un sabre de cavalerie, d'argent aussi en fasce la
pointe à dextre accompagnée : en chef de trois molletés d'eperon. de sable, et, en pointe
d'un cheval galopant, du même, franc-quartier des barons tirés de l'armée (qui est : à sénes-
tre, de gueules, à l'épée, en pal, d'argent), réduit au neuvième de l'écu.

(2) Duc de Bassano.
(3) Duc de Gaëte.

« Suit le procès-verbal de composition d'un lot de trente
« mille francs, biens ruraux, ferme de Grottorf ; Dixmes sur
« les grains du territoire de Wansledt, dépt de la Saale, et
« rente emphytéotique sur la Commune de Kœnigssœüe » ;
le tout signé par le Prince Archichancelier de l'Empire,
Cambacérès ; le Secrétaire Général du Sceau des Titres, le
Baron Dudon, et vérifié par le Procureur Général du Conseil
du Sceau des Titres, le 3 Janvier 1810, Baron Pasquier.

Ce majorat de rente annuelle de 30,000 francs fut sup-
primé par les puissances alliées à la Chute de l'Empire,
tandis que Fouché, Duc d'Otrante (1), et certains Maréchaux
de France, qui s'étaient acquis en 1815 des titres à la bien-
veillance des chefs de l'armée coalisée, négocièrent et
obtinrent la conservation des domaines qu'ils tenaient de la
libéralité de l'Empereur Napoléon Ier.

En ce qui concerne le bois de la Harussière, M. et Mme
Henrionnet, de Bar-le-Duc, père et mère de Mme Jean Landry-
Gillon, épouse de M. Jean Landry-Gillon, Député et Conseiller
de la Cour de Cassation, vendeurs à M. Loison, Directeur
des Droits réunis à Bar-le-Duc, frère du Lieutenant-Général
Comte Loison (2), le 4 Janvier 1814, dont héritèrent

(1) En 1815, « lorsque les violences des ultras eurent répandus dans le pays un véritable
« malaise et fourni un prétexte naturel d'agitation. Fouché recommença à comploter. Il s'était
« remis en relation avec le Prince de Talleyrand, auquel il avait confié ses intérêts pour le
« maintien de ses dotations. ». (Le Roi de Rome, 1811-1832, par H. Welschinger,
page 129).

(2) Né à Damvillers, de François Loyson, Avocat au Parlement, Conseiller du Roi, et
ancien Prévôt de la Prévôté royale de Damvillers, et, en 1790, Lieutenant du Maire, et de
Marie Patusset de Saint-Germain.

M. Alexandre-Nicolas de Serdobine (russe) (1), et Mme Fran-
çoise-Marie-Louise Loison, sa femme, vendeurs au général
Baron Henry, le 7 Décembre 1818.

FÉLIX-JEAN-BAPTISTE CHADENET, né à Verdun le 19
Germinal an IV (2), décédé à Mureau le 24 Septembre 1874 ;
Bâtonnier de l'Ordre des Avocats de Verdun ; Secrétaire et

(1) « L'un des nombreux enfants naturels du Prince Alexandre de Kourakine, Ambas-
« sadeur de Russie en France sous Napoléon Ier. Ce fut lui qui apporta à Paris la note du
« 8 Avril 1812 ; l'Empereur de Russie, Alexandre après avoir conclu avec Bernadotte l'al-
« liance suédoise, se sentant plus fort, s'était décidé à envoyer à Napoléon, une sorte d'ulti-
« matum. Il exigeait comme condition préalable de toute entente l'évacuation intégrale de la
« Prusse, l'évacuation de la Pologne suédoise, etc., etc. Cela exécuté, on pourrait négocier,
« et chercher à s'entendre sur les questions commerciales et sur l'indemnité due au Duc
« d'Oldenbourg... Kourakine se confinant dans la partie honorifique de ses fonctions, égayant
« toujours le public par la mise en scène ridiculement fastueuse qu'il organisait autour de ses
« actions, par son goût pour les minuties de l'étiquette, par sa vanité colossale et naïve, glo-
« rieux de la charge si belle de remettre la note du 8 Avril, s'habilla et se chamarra du mieux
« qu'il put pour l'aller présenter au Ministre des affaires Etrangères, le Duc de Bassano. Le
« 27 Avril, il est reçu à Saint-Cloud par l'Empereur fort irrité d'une demande qu'il considère,
« dit-il, comme un outrage, mais craignant qu'Alexandre ne passât le Niémen, et ne prit l'of-
« fensive, il voulait encore, pour achever ses préparatifs, gagner quelques semaines.
« Après avoir fait entrevoir à Kourakine quelque vague espoir d'arrangement, et pendant
« qu'il charge Narbonne de se rendre à Wilna pour parlementer avec Alexandre, il laisse à
« Bassano le soin d'amuser et de mystifier l'ambassadeur. Alors commence pour Kourakine
« une suite d'aventures comiques et lamentables... » (André Heurteau : *Journal des Débats*,
14 Avril 1897 ; *Napoléon et Alexandre Ier*, par Albert Vandal, de l'Académie Française :
Plon et Nourrit, 1896).

(2) 8 Avril 1796 ; arrière-petit-fils de Jean-Francois Chadenet, notaire royal à Conflans en
Jarnisy (Meurthe-et-Moselle) ; petit-fils de Nicolas Chadenet, Officier de la Bourgeoisie de
Verdun, 1724-1811 : fils de Jean-Baptiste Chadenet, ancien Percepteur des Contributions
directes à Moulainville, Conseiller municipal et Adjoint au Maire de Verdun, 1771-1848,
parent de M. Gossin, Pierre-François, Lieutenant-Général au Baillage de Bar, représentant
l'ordre du Tiers-Etats à l'Assemblée provinciale des Duchés de Lorraine et de Bar, ouverte à
Nancy le 5 Novembre 1787, puis Député à la Convention. Né à Souilly, le 20 Mars 1754, il
est mort à Paris sur l'échafaud révolutionnaire le 22 Juillet 1794 (4 Thermidor an II), Trois
de ses fils furent officiers ; les deux autres, conseillers aux Cours d'appel de Paris et de Dijon.
Il avait épousé Jeanne-Alexandrine de Mauclerc, de Varennes, fille de Jean-Louis-Casi-
mir de Mauclerc, Seigneur de la Hardonnerie, Conseiller-Secrétaire du Roi, Prévôt et Maître
particulier de la Gruerie du Baillage et de Marie-Jeanne Waroquier. Sa famille était alliée aux
Lesurque, aux Cazanove et aux Carré de Malberg. (*Histoire de Montfaucon d'Argonne*, par
l'Abbé Pognon, 1891, page 571).
M. Jean Chadenet, son grand oncle, avait été Curé de Moulainville : né en 1707, il est
surtout connu « par son épitaphe funéraire qu'on lit au Cimetière de Moulainville : « Cy gît
« M. Jean Chadenet, Curé de cette paroisse, l'honneur du Sacerdoce, l'exemple des fidèles, par
« la pureté de sa doctrine, sa chasteté, sa foi, l'intégrité de sa vie et la gravité de ses mœurs.
« Doux et humble de cœur, il marcha constamment devant Dieu, sage et éclairé. Il fut puissant
« en paroles et en œuvres. Il transporta ici le lieu saint, d'une hauteur incommode, où il était
« précédemment. Il est mort le 9 février 1758, âgé de 50 ans et demy. *Requiescat in pace.* »
(*Pouillé du Diocèse de Verdun*, par l'Abbé Robinet).

Président du Conseil Général ; Représentant du Peuple en
1848 ; Membre de l'Assemblée Législative en 1849 ; Membre
de la Commission Consultative chargée de suppléer, jusqu'à
leur réorganisation, le Corps Législatif et le Conseil d'Etat ;
Membre de la Section dite d'Administration qui remplit les
fonctions déférées à la Commission consultative à titre de
Conseil d'Etat provisoire, Comité des Finances, de la Guerre
et de la Marine ; Maître des Requêtes de 1re Classe au Conseil
d'Etat, Préfet de Loir-et-Cher, de la Meuse, de la Charente
et de l'Yonne ; fut classé avec le numéro 2, comme l'un des
Préfets les plus capables, après les deux Inspections générales
des Préfectures faites par MM. Dubessey et l'Intendant général
Villemain, Conseillers d'Etat de l'Empire : durant son séjour
à Auxerre, où il fut promu à la seconde Classe personnelle
et officier de la Légion d'honneur, « Un membre, profitant
« de la présence en séance de la plupart des Membres du
« Conseil Général de l'Yonne, adressa, au nom de ses
« Collègues. à M. le Préfet Chadenet, l'expression de la
« reconnaissance générale pour le zèle et l'activité qu'il
« déploie dans son administration ». Le Conseil Général de
l'Yonne s'associa unanimement à ces paroles. (Procès-verbal
de la session). — Député, élu en 1863, réélu en 1869 :
obtint, avec MM. le Baron Victor de Benoist et Claude Mil-
lon, Députés, ses Collègues, la création du chemin de fer de
Lérouville à Sedan ; Commandeur de la Légion d'honneur,
Officier de l'Instruction publique, marié à Marie-Françoise
Habert-Henry, née à Saint-Laurent le 24 Août 1804. décédée
à Paris le 2 Juillet 1884, nièce et fille adoptive du Général
Baron Henry, Madame Habert, grand'mère de Madame Cha-

denet était une demoiselle de Jaille, appartenant à une famille propriétaire de biens considérables, et notamment de la ferme de Saint-Pierremont et de fermes en Ardenne. La famille Habert était originaire de Lion-devant-Dun.

Au mois de Septembre 1870, les Allemands renseignés, dit-on, par des habitants de Damvillers, vinrent piller la résidence de M. F.-J.-B. Chadenet : ce fut un escadron du 2e Régiment de Hulands, Major en tête, accompagné de deux Lieutenants et de quarante-deux cavaliers, qui procéda à cette opération.

Cette expédition, publiquement annoncée, ne motiva aucune intervention des autorités damvilloises, qui ne parurent pas.

Vainement, les Sœurs de l'Ecole de Romagne-sous-les-Côtes, déclarèrent que les bâtiments allaient être affectés à une ambulance commune aux deux armées belligérantes ; la porte au Midi fut enfoncée avec une poutre : au Nord, ce fut le fils du fermier, qui, monté sur une échelle, brisa la vitre d'une fenêtre du premier étage, qu'il ouvrit, et par laquelle pénétrèrent, à sa suite, les pillards. Tout fut emporté, sauf les gros meubles. Le lendemain, il revinrent pour déménager la cave, qu'ils avaient visitée. Ils prétendirent qu'une partie du vin avait été enlevée. C'était faux, et ils mirent en arrestation M. Nizard (Pierre-Charles), Maire de Romagne-sous-les-Côtes, Régisseur de la propriété, comme auteur de la disparition de produits qui ne leur appartenaient pas et qu'ils volaient. Le Major ordonna de conduire ce magistrat à Damvillers, pour y être fusillé. A l'extrémité du chemin de Mureau, les huit soldats qui l'emmenaient, tournèrent à gauche et arrivèrent à Romagne ; reconnaissant leur erreur, ils reprochèrent à M. Nizard de ne pas les avoir prévenus. Celui-ci leur répondit, avec un calme dédaigneux, que c'étaient eux qui le conduisaient et qu'il les suivaient,

Comme on passait devant la maison de M. A. Holdrinet, aubergiste, M. Nizard offrit aux soldats allemands des rafraîchissements, qu'ils acceptèrent avec empressement, et pendant qu'on les servait, M. Nizard disparut.

Quant aux produits de la cave, ils furent chargés sur un chariot, qui s'arrêta d'abord à Damvillers, où plusieurs habitants acceptèrent avec un plaisir manifeste, des mains des Allemands, une part du butin, et, enfin, devant le Presbytère du village de X... Le Curé, l'un des prêtres les plus distingués et les plus aimés du Canton, homme d'esprit, fils d'un propriétaire de vignes, dut recevoir à sa table l'état-major du Régiment de Hulands. Après le repas, les Officiers allèrent se coucher. M. le Curé, aidé de la servante, sortit de la cave un baril de vin blanc de la Woëvre, piqué et d'une saveur exécrable ; il descendit ensuite du chariot un quartaut de Bourgogne, qui prit la place à la cave du vin aigri, et on hissa ce dernier produit sur le chariot.

Le lendemain matin, les Officiers allemands, en prenant congé de leur hôte, le saluèrent en l'assurant qu'ils boiraient à sa santé, le vin de Bourgogne de M. Chadenet.

Pendant les années 1854 et 1855, tandis que M. Chadenet était Préfet de Loir-et-Cher, le Général Comte Fleury, aide de Camp de l'Empereur, Directeur Général des Haras, avait envoyé, sur la sollicitation de l'Ambassadeur de Prusse, au Haras de Blois, pour y faire un stage, un jeune Allemand de bonne mine.

Durant la guerre de 1870, un Colonel de Cavalerie allemande arriva avec son Régiment à Romagne-sous-Mont-
faucon; il prit gîte chez le Curé, M. l'Abbé Laroze (1);
pendant le dîner, il raconta qu'il allait à Blois. M. l'Abbé
Laroze répondit qu'il connaissait beaucoup un ancien Préfet
de Loir-et-Cher, M. Chadenet. « J'ai été reçu, s'écria le
« Colonel, avec beaucoup d'amabilité par M. Chadenet
« lorsque j'étais élève au Haras de Blois, et j'ai gardé de
« lui et de Madame Chadenet, le meilleur et le plus recon-
« naissant souvenir. En témoignage de ma vive gratitude, je
« vais vous remettre une sauvegarde, grâce à laquelle mes
« frères d'armes vous libéreront de tout logement des troupes
« allemandes. »

Arrivé à Blois, le Colonel de haute stature, portant une
longue barbe, conduisit directement son Régiment au Haras,
sonna à la porte, et ordonna au concierge stupéfait, de
conduire les Officiers aux appartements et chambres, ainsi
que les chevaux aux écuries, qu'il désignait. C'était l'ancien
élève stagiaire au titre étranger, du Haras.

---

(1) Né à Saint-Laurent.

ANNEXES

I

PAGE II

« Le siège de Damvillers était commencé le 18 Août : la
« Place était entièrement investie...

« La Place de Damvillers, de forme trapézoïdale assez
« régulière, était munie de cinq bastions : celui du Château
« de Mondragon, de Sainte-Marguerite, de Sainte-Barbe et de
« l'Empereur ; quatre talus de contre-escarpe, avec chemin
« couvert entourant le corps de la Place ; quatre demi-lunes,
« dont deux protégeaient la porte de Verdun, et deux celle de
« Montmédy ; des fossés très profonds, larges de neufs pieds,
« des cavaliers très élevés, et, enfin des glacis, complétaient
« le système de défense des assiégés.

« Quant aux assiégeants, l'armée aux ordres du Maré-
« chal de Châtillon se composait des régiments de Navarre,
« de Turenne, de Rabure, des Suisses de Moleudin, qui
« étaient logés à Wavrille ; du Régiment de Bathilly, de
« Nice, de Langeron, de Bellebrune et d'Aubeterre, établi
« à Gibercy ; des Liégeois de Walmont, des Allemands de
« Sirept, des Croates de Rantzau, campés à Lissey et à
« Peuvillers ; des Cavaliers de Lignon, de Saint-Aubin, de la
« Meilleraye, placés à Ecurey ; brigades de Bouchavannes et

« de Peautbœuf, établies à Réville ; enfin les chevaux des
« artilleurs et le Régiment de Beauce, campés à Etraye.....
  « La capitulation fut signée le 24 Octobre entre le
« Maréchal de Châtillon et le Comte de Stattin, Gouverneur
« de la Ville..... La garnison sortit le 27 pour se rendre à
« Virton, accompagnée d'une escorte française. » (D. Nicolas :
Le Maréchal de Châtillon et le Siège de Damvillers en 1637).

1777-1782. — Domaine du Roi. — Aliénation des
terrains provenant des fortifications de la Ville de Damvillers,
démantelée en exécution du traité des Pyrénées conclu en
1659. — Arrêt du Conseil d'Etat du Roi qui ordonne cette
aliénation. — Adjudication faite à Damvillers par M. Senocq,
(grand-père de M. Louis Chadenet-Senocq, décédé Conseiller
municipal de Verdun), Subdélégué à Montmédy. — Confirmation de cet acte par M. l'Intendant. — Procès-verbaux
d'arpentage et d'abornement des terrains concédés.

1781. — Actes de vente passés par J. de Pont, Chevalier,
Intendant de Justice, Police et Finances au département de
Metz, frontières de Champagne, du Luxembourg et de la
Sarre, au profit de divers, de nombreux terrains dépendant
du domaine de Damvillers. — Une portion en nature de
jardin, de la contenance de 100 toises, en carré, est adjugée
à François Rouyer. — L'emplacement de l'étang, qui servait
autrefois à former une inondation autour de Damvillers, est
adjugé à Sébastien Collesson. — Un jardin pris dans le
pourtour du bastion Sainte-Barbe est adjugé à Nicolas Michel.
— Un autre jardin pris dans l'enceinte du bastion de l'église
est adjugé à François Taurel ; etc. *(Archives de la Meuse.*
Inventaire sommaire, tome II, p. 29. Intendance de Metz).

Le Maréchal de Châtillon avait épousé Anne de Polignac. Il en eut quatre enfants : 1º Maurice de Coligny, tué en duel en 1644 par le Duc de Guise ; 2º Henriette (1618-1673), mariée en premières noces à Thomas Hamilton, Comte de Hadington, puis à Gaspard de Champagne, Comte de la Suze, dont elle se sépara en 1653 ; 3º Gaspard IV de Coligny, Marquis d'Andelot, puis Duc de Châtillon, né à Châtillon-sur-Loing, le 9 Mai 1620, tué à Charenton, le 9 Février 1649 (1) ; 4º Anne, mariée en 1648 à Georges de Wirtemberg, Prince de Montbéliard.

« Descendant en droite ligne du fameux Gaspar de « Coligny (1519-1572). Amiral de France, assassiné à la « Saint-Barthélemy », le Maréchal de Châtillon était alors, dit Lallemant des Réaux, « de tout le parti Huguenot, le « personnage le plus considérable. En un rien, il pouvait « mettre quatre mille gentilshommes à cheval. La grande « ombre de son aïeul s'etendait encore sur sa tête et lui « faisait une auréole. Passionné pour la guerre, il s'était « distingué en différents combats, moins par sa science tac-« tique que par sa bravoure intrépide, dont on citait des « traits frappants. Comme il était fort corpulent, il ne se « chargeait point, à l'instant d'une bataille, de casque, de « cuirasse, ni d'armes d'aucun genre, et se lançait démuni « de la sorte, au plus épais de la mêlée. Il eut au siège « d'Arras, son cheval tué entre ses jambes par un boulet de « canon : « Ah ! fit-il avec dépit, que ces gens sont donc

---

(1) Mari de la célèbre Duchesse de Châtillon.

« importuns ! J'avais là un bon cheval. » Au reste, joueur,
« débauché, violent, la mine d'un grand Seigneur, avec
« l'âme d'un soudard, il avait dissipé le plus clair de son
« bien, et, comptait, pour payer ses dettes, sur le mariage
« de ses enfants. Sa femme, belle et vertueuse, passait son
« temps en oraisons : Constamment entourée de Prédicants
« et de Ministres, tandis qu'elle s'occupait de commenter la
« Bible, la direction de sa maison était livrée à l'aventure,
« et tout s'en allait à vau-l'eau. »

Ce Huguenot fanatique qui s'opposait au mariage de son
très brillant fils Gaspard avec Isabelle de Boutteville (1), en
raison « de l'intérêt sacré du salut et de la religion, finit,
« après cet étalage de zèle pour le protestantisme, par abjurer
« lui-même en 1646, trois ans après son fils. »

« De la demeure des Coligny, à Châtillon-sur-Loing (2),
« subsistent encore aujourd'hui les soubassements et le
« donjon ; ces imposants vestiges suffisent à évoquer les

(1) Sœur de François de Montmorency-Boutteville, Maréchal Duc de Luxembourg.
Le fondateur de la Maison de Luxembourg fut « Sigefroy, frère puîné de Godfroy,
« Comte de Verdun, qui acheta le Château de Luxembourg, en échange de plusieurs terres, de
« Viker, abbé de Saint-Maximin de Trèves, le 17 Avril 963 ; il en prit la qualité de Comte,
« et mourut en 997, laissant de la Comtesse Hedwige, sa femme, une grande et illustre
« famille... » (Bib. nat. cah. d'Hozier, 210.)
« Le dernier mâle de cette maison, Henry, Duc de Piney Luxembourg laissa une fille,
« Marguerite-Charlotte, qui épousa à 12 ans, en Juillet 1620, le frère du Connétable de Luy-
« nes, qui prit du fait de cette alliance, le nom de Duc de Luxembourg, la Duché-Pairie
« étant *femelle*, c'est-à-dire transmissible par les filles, à défaut de fils. Sa veuve et ses deux
« enfants, dont Henri-Léon d'Albert, s'établirent dans la magnifique terre de Ligny, située
« auprès de Bar-le-Duc, où ils menaient un train fastueux......
« La terre de Ligny avait été apportée dans la Maison de Luxembourg par une héritière
« des Comtes de Mouzon, et fut érigée en Comté en l'an 1597. Les héritiers du Maréchal de
« Luxembourg la vendirent en 1719, pour deux millions et demi, au Duc Léopold, qui la réunit
« au Barrois. Le château féodal fut démoli en 1746 : il n'en subsiste aujourd'hui qu'une tour
« ronde et le parc, transformé en promenade publique. (*Note des Mémoires de Saint-Simon* :
« E. Boislisle ; Pierre de Ségur, *La Jeunesse du Maréchal de Luxembourg*, pages 406 et 407.) »

(2) A vingt kilomètres environ de Montargis (Loiret).

« splendeurs lointaines du passé. C'était à l'origine moins
« un château qu'une forteresse, dont l'énorme tour octo-
« gone (1), construite, dit-on, au temps des Templiers, com-
« mandait les vallées du Loing et du Milleron, protégeait le
« bourg pittoresque, qui semble blotti à ses pieds. L'Amiral
« de Coligny, en 1562, restaura la partie logeable et l'aug-
« menta d'une aile. C'est à lui que l'on doit la longue galerie
« vitrée, aux arcades successives, sur laquelle à présent
« repose tout l'édifice, galerie de cent douze mètres, remplie
« de citronniers, d'orangers chargés de fruits d'or, d'arbus-
« tes rares et de plantes exotiques, que la tiédeur égale de
« l'air fait croître et fleurir en tous temps, jardin féérique, où
« le promeneur ne perçoit pas le changement des saisons.
« C'est lui qui fit aussi bâtir la salle, jadis célèbre, où les
« grands peintres de l'époque avaient retracé les exploits de
« ses plus illustres ancêtres. A ces merveilles de l'Art répon-
« dait la beauté du site. Le parc, situé au Nord et au Levant,
« conserve de nos jours ses nobles proportions (2) ; dans le
« massif sombre des bois s'ouvrent symétriquement de larges
« allées droites, inondées d'air et de lumière, offrant au pas
« des visiteurs, la mollesse engageante d'un vaste tapis de
« verdure. Du côté de la Ville, s'étagent trois grandes ter-
« rasses, dominant à perte de vue les campagnes fertiles,
« où serpente la rivière du Loing. Sur la plus haute de ces

(1) Haute de plus de cent pieds, avec des murs de dix pieds d'épaisseur.

(2) Le corps de l'Amiral de Coligny, massacré à la Saint-Barthelemy, repose aujourd'hui encore dans un coin du parc. Une plaque de marbre avec une inscription, en marque seule l'emplacement.

« terrasses, se trouve encore le puits, sculpté par Jean
« Goujon, que surmonte, les ailes éployées, l'aigle des
« Coligny, tenant un serpent dans ses serres. Non loin du
« puits est l'escalier de pierre par où on accède au château,
« et dont le grand Condé, d'après la tradition, cherchant
« refuge auprès de sa cousine, gravit une nuit les degrés à
« cheval. » (Pierre de Ségur : *La Jeunesse du Maréchal de
Luxembourg*, 1628-1668, pages 76 et suiv.).

II

PAGE 15

Le 4 Août 1790, dame Marie-Appoline Saintignon a fait donation du Bois Le Coq, situé commune de Jubercy, canton de Damvillers, entre les territoires de Romagne, Chaumont et Morimont, à son fils, Charles-Joseph Saintignon, demeurant à Metz.

Le 3 Vendémiaire an 12 (25 Septembre 1804), ce dernier a vendu le dit Bois Le Coq, moyennant le prix de 5,000 francs, à Jean-François Christon, marchand de bois, demeurant à Gincrey, près Etain.

Le 3 Septembre 1821, celui-ci a vendu la moitié du dit Bois, moyennant le prix de 2,500 fr., à dame Marie Warion, veuve de Jean-François Huet, rentière, demeurant à Etain, laquelle transmit, après sa mort, cette partie du Bois Le Coq, à sa fille, Marguerite-Louise Huet, épouse de Laurent Mathieu.

Le 7 Mars 1828, Jean-François Christon et Marguerite-Louise Huet, vendirent, moyennant le prix de 2,400 fr., à Félix-Jean-Baptiste Chadenet, Avocat près le Tribunal Civil de Verdun, la totalité du Bois Le Coq « nouvellement exploité » : contenant 10 h., 59 a., 50 c.

Une urne cinéraire romaine en poterie rouge a été trouvée dans ce Bois en creusant un fossé d'assainissement.

III

PAGE 16

La convoitise, la délation, recevaient à titre de prime le dixième des biens (Décret du 12 Juillet 1793): sept milliards du butin territorial furent ainsi ravis à leurs propriétaires ; « la jalousie, la cupidité, la vengeance, toutes les détestables « passions ajoutèrent aux émigrés réels » une liste immense de propriétaires qui n'avaient jamais émigré ; on voulait s'emparer de leurs biens que l'on faisait confisquer : « soixante- « dix mille individus formaient, en 1796, la liste de ces faux « émigrés, inscrits par les Sociétés populaires », que l'on appellerait aujourd'hui les Comités électoraux, et « Dubreuil, « Député de l'Aveyron, prouvait le 24 Août au Conseil des « Cinq-Cents, que sur mille cinq émigrés qui constituaient « la liste de son département, les véritables émigrés ne « s'élevaient qu'à six. » (Histoire du Directoire, par Granier de Cassagnac, ancien Député, tome 1er). Tous ces malheureux étaient proscrits pour leurs domaines.

Et que l'on ne croie pas que la haine des terroristes de cette triste époque s'attaquait seulement aux nobles, aux magistrats, aux hommes illustres par la science, comme Lavoisier, tombé sous la hache révolutionnaire le 8 Mai 1794: par la gloire, comme les généraux guillotinés ; « Prudhomme, « un ami de Danton (organisateur des massacres de l'Ab- « baye, etc.), avait entrepris le dépouillement du procès des « malheureux envoyés à la mort par les tribunaux révolu-

« tionnaires, mais il ne poussa son examen que jusqu'à
« douze mille dossiers. » *(Idem)*.

Voilà les catégories de ces victimes des Républicains
terroristes :

Comédiens	21
Instituteurs	49
Matelots	73
Médecins, Chirurgiens	76
Domestiques, Cabaretiers, Marchand de vins	156
Fabricants, Négociants, Commis	539
Avocats, Procureurs, Notaires, Huissiers	585
Nobles, Emigrés	639
Soldats	715
Femmes, Filles, Servantes, Couturières	718
Prêtres, Religieux	767
Bourgeois, petits Rentiers	1.273
Ouvriers d'Etat, Maçons, Charrons, Charpentiers, Tailleurs, Forgerons	2.212
Paysans, Laboureurs, Garçons de charrue	3.718

En Alsace, les cruautés horribles exercées par les représentants Schneider et Monnet, produisirent une telle épou-
vante que « pendant l'hyver de 1793, cinquante mille
« cultivateurs émigrèrent avec les vieillards, les femmes et
« les enfants, et ils n'avaient pas encore obtenu en Août 1794,
« d'être effacés des listes fatales. » (Id. *Courrier de Verdun*,
14 Avril 1896).

En l'an II, « le 14 Frimaire, on vit pour la première
« fois, un spectacle d'horreur : dans la plaine des Brotteaux.

« entre deux fosses parallèles, destinées à leur sépulture,
« soixante-quatres jeunes gens garottés, deux par deux,
« furent rangés ; en face d'eux, furent pointés les canons de
« l'armée révolutionnaire. Les victimes entonnèrent le *Chant*
« *du Départ*, chœur admirable, jetant aux bourreaux l'écho
« des dernières notes étouffées naguère par la guillotine dans
« la gorge de Vergniaud. Au signal donné de l'estrade, où
« siègeaient les Représentants, le feu fut mis aux pièces, et,
« comme une bourrasque fauche, couche, brise les épis d'un
« champ, la mitraille abattit d'un coup la troupe des martyrs.
« Quelques minutes après, le chant s'éteignit dans les cris
« effroyables que poussaient les malheureux ! La plupart
« n'étaient que mutilés : quelques-uns hachés, pantelaient
« encore, se soulevaient. Les soldats les achevaient à coup
« de sabre. » (Delandine : *Histoire des Prisons sous la Terreur*, Wallon, Michelet, Comte de Martel ; Louis Madelin :
Histoire de Fouché, tome Ier, p. 136).

« Le 25, ce n'était plus soixante-quatre, mais deux cent
« neuf Lyonnais qu'on conduisait sous la mitraille, aux
« Brotteaux. Horrible boucherie ! On sabra, on tailla, on
« mutila encore, on massacra à coups de pic, de pioche, de
« hache ceux que la mitraille avait épargnés. » (Louis Madelin, *id.*, p. 137).

« Et l'on continue à emprisonner, à tuer. La guillotine,
« la fusillade ne va pas mal, écrit le 24 Frimaire, Pilot, sans-
« culotte de Lyon, à son ami Gravier ; 60, 80, 200 à la fois
« sont fusillés, et tous les jours on a le plus grand soin d'en
« mettre de suite en état d'arrestation pour ne pas laisser les

« prisons vides. Bientôt des femmes, des enfants y passè-
« rent... Deux femmes de soixante ans, une ancienne reli-
« gieuse de vingt-six, expirèrent sous le couperet. » *(Idem,*
p. 138).

« La plaine des Brotteaux renfermait un vaste charnier,
« où pourrissaient les restes des 2,000 Lyonnais, mitraillés
« par Collot-d'Herbois et Fouché, de Nantes ; les pavés de
« la place des Terreaux étaient rouges encore des flots de
« sang qui avaient coulé de l'échafaud érigé sous les yeux
« de Fouché, et les édifices neufs de la place Bellecour s'éle-
« vaient sur les ruines de la superbe cité proscrite et frappée
« en masse. » (Louis Madelin : *Fouché*, tome II, page 468).

Au même moment, Paris était épouvanté par les massacres du Gouverneur de la Bastille, des Gardes du Corps, des
Suisses, à l'Abbaye, aux Carmes, de la Princesse de Lam-
balle, etc., etc., et par les crimes innombrables des Républicains révolutionnaires.

A Nantes, Carrier, représentant en mission, annonce « le
« progrès que fait sous ses auspices la philosophie sur les
« bords de la Loire (1). »

« Les lumières de son flambeau philosophique éclairent (2)
« des scènes comme celles-ci : cinquante-huit prêtres arrivés
« d'Angers à Nantes sont aussitôt enfermés dans un bateau
« sur la Loire, jusqu'à ce qu'ayant subi toutes les souffrances
« morales et bu le calice jusqu'à la lie, ils soient engloutis

(1) *Les Missionnaires de 93.*
(2) Duchesse de Brissac, *Pages sombres.*

« par les eaux de la rivière, où les bourreaux s'efforcent de
« les noyer, car la guillotine est trop lente pour satisfaire
« l'injustice de ces monstres. Ils ne veulent user de la poudre
« et des balles que contre l'étranger et déclarent ainsi ne
« pouvoir fusiller leurs victimes. Ils préfèrent les condamner
« sur les bords du fleuve et couler à fond cette cargaison
« humaine, et l'opération se renouvelle continuellement.

« Ce pendant que les fusillades et la guillotine soi-disant
« délaissées aident les égorgeurs à multiplier leurs orgies,
« Carrier fait mourir des enfants aussi bien que des femmes
« et des vieillards. Puis, comme de toutes parts, on demande
« au Comité les enfants dont il est le dépositaire, d'abord
« il en accorde, ensuite en refuse et trouve bien plus expédi-
« tif de les faire noyer (1). »

« Au commencement, il y eut des apparences de juge-
« ment, puis, lorsque les noyades firent partie de l'odieux
« programme, ce genre d'exécution eut lieu la nuit.

« .... Les malheureux condamnés attendaient enfermés
« dans des bateaux que le soir vint mettre un terme à leurs
« angoisses. Mais les Comités se familiarisant avec le crime,
« les noyades eurent bientôt lieu au grand jour. Les victimes
« furent dépouillées de leurs vêtements, et leur supplice eut
« des raffinements rebutants. On vit des jeunes filles nues
« attachées à des vieillards avant d'être précipitées dans
« l'eau, pour qu'aux frissons de la pudeur blessée se mélàs-
« sent les spasmes de la mort : la mort avilie... On vit des

(1) Campasdon : *Le Tribunal révolutionnaire*.

« mères, les bras entr'ouverts, les genoux pliés, assister à
« l'agonie de leurs enfants, jusqu'à ce que les bourreaux les
« eûssent poussées dans la rivière, ou qu'éperdues, elles s'y
« fûssent jetées elles-mêmes.

« On vit des agonisants agiter désespérément leurs bras
« d'où les mains avaient été coupées d'un coup de sabre au
« poignet, parce qu'elles se cramponnaient au bord d'une
« barque.

« Et la Loire, ce « torrent révolutionnaire », charrie bientôt
« tant de cadavres que ses rives en sont empuantées et les
« habitants frappés de la peste.

« Un officier de santé, Thomas, ayant reçu l'ordre de la
« Commission militaire, d'aller constater l'état de grossesse
« d'un grand nombre de femmes détenues à l'Entrepôt, raconte
« qu'il trouva une grande quantité de cadavres épars çà et là.
« Je vis, dit-il, des enfants palpitants noyés dans des baquets
« pleins d'excréments humains ; je traversai des salles immen-
« ses ; mon aspect faisait frémir les femmes, elles ne voyaient
« d'autres hommes que leurs bourreaux. Je les rassure, je
« parle le langage de l'humanité, je constate la grossesse de
« trente d'entre elles ; plusieurs étaient grosses de sept à huit
« mois. Quelques jours après, je revins voir ces femmes que
« leur état rendait sacrées et chères à l'humanité : je le dis,
« l'âme brisée de douleur, ces malheureuses femmes avaient
« été précipitées dans les flots (1). »

(1) Campasdon : *Le Tribunal révolutionnaire.*

IV

PAGE 27

M. Chadenet Jean-François, notaire royal à Conflans-en-Jarnizy (Meurthe-et-Moselle), mourait, laissant une veuve, Jeanne Lemarquis et plusieurs enfants, notamment Jean Chadenet, diacre du diocèse de Verdun, plus tard curé de Moulainville (né en 1707, mort en 1758).

D'une déclaration au timbre « Lorraine et Bar, un sol dix « deniers », des terres, prés et chenevières appartenant à Jeanne Lemarquis, en date du 21 Juillet 1748, et situés à Conflans, il résulte que la veuve de Jean-François Chadenet était remariée avec Jean-Louis de la Pierre, « bourgeois de Verdun. »

Jean-Louis de la Pierre, fils de Benoît de la Pierre, avait été baptisé le 6 Mai 1679 par Louis Mareschal, prêtre et curé de la paroisse de Fresnes-en-Woëvre.

De ce second mariage naquit, le 16 Août 1731, Jean-Roch de la Pierre, qui demanda et obtint, avec le consentement de ses parents, de la Chancellerie établie près de la Cour du Parlement de Metz, des lettres en émancipation, antérinées suivant sentence de Jacques de Watronville, Escuyer, Conseiller du Roy, Lieutenant assesseur civil et criminel au Baillage royal de Verdun et Siège présidial, Seigneur moyen, bas et foncier justicier de Pintheville et Riaville représenté à la convocation de la noblesse pour la réformation des coutumes de Verdun et du Pays Verdunois, le 3 février 1743, en la ville de Verdun, en l'absence de M. le Lieutenant

Général ; cette décision fut rendue le 2 Novembre 1753 ; elle conférait à Jean-Roch de la Pierre le droit de « jouir de ses « meubles et du revenu de ses immeubles, tout ainsi que s'il « était en âge de majorité. » Les témoins étaient Jeanne Lemarquis, sa mère ; Jean Chadenet, prêtre et curé de Moulainville, son frère utérin ; Pierre-Barthelemy Périn, conseiller du Roy, lieutenant général de police de la ville et banlieue de Verdun ; Michel-François Périn, conseiller du Roy et son avocat au Baillage et Présidial de Verdun, cousins paternels ; Benoît Rouvroy, commissaire en la police de cette ville, oncle paternel au dit mineur ; Louis-Joseph Lemarquis, avocat au Parlement, son cousin maternel. Son frère utérin M. l'abbé Jean Chadenet fut désigné à l'unanimité comme Curateur.

Jean-Roch de la Pierre entra dans les ordres et devint Curé de Belrupt et de Genicourt : un traité avec deux maçons d'Ambly, Jean-Baptiste et Etienne Collin, apprend qu'il avait acheté « des maisons voisines de la maison du Curé de « Genicourt et qu'il faisait procéder à la reconstruction des « murailles. »

La Révolution éclate : la persécution la plus odieuse envahit les presbytères ; un décret de l'Assemblée Nationale *sur la déportation des Prêtres insermentés*, du 27 Mai 1792, statué par l'art. 3 : « Lorsque vingt citoyens actifs du même « Canton se réuniront pour demander la déportation d'un « ecclésiastique non sermenté, le Directeur du département « sera tenu de réclamer la déportation, si l'avis du Directeur « du district est conforme à la pétition. » Art. 8 : « Dans le

« cas où les citoyens actifs qui auront à former la pétition
« prescrite ne sauraient écrire... » !!!

Le décret du 23 Vendémiaire an 2 (17 Septembre 1793),
assimila les déportés aux émigrés et les biens des Prêtres
déportés furent confisqués.

Ainsi, expulsés sans jugement, non pas pour avoir
commis un délit ou un crime, mais pour avoir refusé ou omis
de prêter serment, les Prêtres déportés sont dépouillés sans
jugement de ce qu'ils possédaient. Voilà la justice révolutionnaire et républicaine.

Cette législation immonde devait susciter les cupidités
les plus viles.

Une demoiselle Marguerite de la Pierre, de Fresnes,
cousine de l'infortuné Curé de Genicourt, fille noble, cédant
à la contagion du pillage, réclama sa mise en possession des
titres et papiers de la succession de ce dernier mort
civilement, « en qualité de seule et unique héritière du côté
« paternel de Jean-Roch Lapierre, ex-curé de Genicourt,
« déporté ».

La cousine avait la loi républicaine pour elle ; en conséquence, elle succéda à son cousin « déporté », mais vivant,
quoique mort civilement.

Quand le brigandage révolutionnaire s'éteignit dans le
sang, Jean-Roch de la Pierre revint de l'exil : il trouva sa
cousine, Mlle Marguerite de la Pierre, en tranquille possession
de son avoir et il s'adressa à la justice : voilà la réponse qu'il
en reçut :

« Cejourd'hui 20 Vendémiaire an 11 (12 Octobre 1802)
« de la République française, une et indivisible :

« Devant nous Jean-Baptiste Larrezilière, Juge de paix du
« canton de Fresnes-en-Woëvre, y résidant :

« Est comparu le citoyen Jean-Roch Delapierre, prêtre
« demeurant à Verdun, lequel dit qu'ayant été déporté, la
« citoyenne de la Pierre, fille majeure résidant à Fresnes,
« s'est fait mettre en possession de sa succession et contraint
« le citoyen Nicolas Chadenet, rentier demeurant à Verdun,
« frère utérin dudit comparant, de lui remettre tous les titres
« et papiers relativement à la succession paternelle dont
« ladite demoiselle de la Pierre a donné une reconnaissance
« par devant notaire le 22 Ventôse de l'an quatre (12 Mars
« 1796) ; qu'étant de retour dans ses foyers, il l'a invitée de
« lui remettre tous les titres et papiers dont elle est déposi-
« taire et qui sont contenus dans l'inventaire en dressé par
« le dit acte du 22 Ventôse, ce qu'elle peut avoir entre ses
« mains, notamment les contrats et baux de ses fermes ; que
« la citoyenne de la Pierre s'étant refusée de faire cette remise
« et étant dans l'intention de former demande en justice
« pour la contraindre à lui faire la remise des titres et
« papiers, et l'a invitée à comparaître présentement en ce
« bureau pour se concilier avec lui sur l'objet de la dite
« demande aux fins de laquelle il concluera à ce qu'elle soit
« condamnée à lui faire remise des dits titres et papiers avec
« frais, de tout quoi il a requis acte pour toutes réserves de
« ses droits.

« La citoyenne Marguerite de la Pierre comparaissant
« volontairement a dit qu'ayant prouvé qu'elle était seule
« cousine-germaine du côté paternel du citoyen Jean-Roch
« de la Pierre, ex-curé de Genicourt, conséquemment sa

« seule héritière aux termes de la loi municipale de Verdun,
« elle a été en vertu de la loi du 22 Fructidor an trois
« (8 Septembre 1795) (1) envoyée en possession des biens
« provenant de la ligne paternelle du dit déporté ; par arrêté
« du Directoire du département de la Meuse du 6 Pluviôse
« an quatre (26 Janvier 1795), ce qui l'a autorisée à en
« disposer à son gré, que fondée sur la loi précitée et
« appuyée sur l'art. 16 du senatus-consulte du 6 Floréal
« dernier (25 Avril 1795), elle entend conserver non seule-
« ment les titres et papiers à elle réclamés, mais encore la
« jouissance des mêmes biens, et ce dans aucun cas, même
« en celui de la vente qu'elle aurait pu en avoir faite, n'y
« être troublée de la part dudit citoyen de la Pierre qu'elle ne
« peut considérer ici que comme un des individus amnistiés
« d'après le senatus-consulte précité ;

 « Parties ouïes :

 « Nous, juge sus-nommé, après avoir inutilement essayé
« de concilier les dites parties, les avons renvoyées à se
« pourvoir devant les tribunaux compétents, signé : Larzil-
« lière et Franquin, greffier ».

Malgré la terreur qui intimidait les plus fermes, beaucoup
d'honnêtes gens se refusèrent à payer au fisc révolutionnaire
les sommes dues à l'ex-curé de Genicourt. Sur 21 débiteurs
de cette commune, 9 résistèrent courageusement et s'enga-

---

(1) Décret qui *détermine un mode pour la remise des biens des prêtres déportés ou reclus :*
« Art. 3 : les biens ou leur valeur *seront* remis sans délai... aux héritiers présomptifs de
« tous ceux des dits ecclésiastiques qui resteront en état de mort civile par les jugements ou
« arrêtés qui les ont condamnés à la déportation ou réclusion à vie. »

gèrent à remettre à Jean-Roch de la Pierre ce qui lui appartenait.

Heureusement la bibliothèque de l'ex-curé ne périt pas tout entière dans la tourmente révolutionnaire : bibliophile érudit, Jean-Roch avait réuni de fort belles éditions de livres de piété et de science religieuse : ces beaux volumes sont précieusement conservés chez les descendants d'un frère utérin de l'ex-déporté, « Officier de la bourgeoisie de Verdun » *(Courrier de Verdun,* 18 Juillet 1888).

Jean-Roch de la Pierre résigna et se retira à Liège, en Belgique, de même que l'Abbé Barbier, de Merles, devenu précepteur des enfants du Maréchal, Duc de Broglie (1), Ministre de la Guerre sous Louis XVI, vainqueur de Bergen, auquel Louis XV avait donné sept canons, l'ornement de sa demeure seigneuriale, et qui furent enlevés, après la prise de la Bastille « par la Municipalité de la Ville voisine, accou- « rue à la tête d'une bande d'émeutiers. » (Duc de Broglie : *Le dernier bienfait de la Monarchie,* 1901 ; Calmann-Lévy, éditeur).

En exécution de la loi révolutionnaire, la remise des biens et contrats appartenant à l'abbé Jean-Roch de La Pierre, curé de Genicourt, déporté, fut faite à Marguerite de Lapierre, ainsi qu'il résulte de l'acte ci-après :

« Par devant les Notaires publics au département de la « Meuse, résidants à Verdun, soussignés (Mes Géminel et

---

(1) Victor-François, duc de Broglie, né à Paris le 19 octobre 1718, fit brillamment une partie des campagnes du règne de Louis XV, reçut à 42 ans, le bâton de maréchal, fut nommé ministre de la guerre en 1789, émigra, commanda en 1792 l'armée des Prnces, et mourut à Munster en 1804.

« Dognon), fut présente, la Citoyenne Marguerite Lapierre,
« fille majeure demeurant à Fresnes, chef-lieu de canton,
« aussi département de la Meuse, en qualité de seule et
« unique héritière du côté paternel, de Jean-Roch Lapierre,
« ex-curé de Génicourt, déporté.

 « Laquelle déclare et reconnois *(sic)* que le citoyen Nicolas
« Chadenet, rentier demeurant à Verdun, rue Mautroté, frère
« utérin du dit Jean-Roch Lapierre et dépositaire des titres
« et papiers de la succession de ce dernier. Lui a présente-
« ment fait la remise en présence de nous Notaires, de ceux
« relatifs aux biens paternels, à elle échûs par le décès dudit
« Lapierre, dont le détail suit, savoir, »

Pièces relatives.

A la ferme de Champneuville, canton de Charny ;

A la ferme de Giraumont, canton de Valdeloi, département de la Moselle ;

A la ferme de Brainville, canton de Conflans, même département, ferme achetée le 19 Mars 1733 ;

Aux prés de Fresnes ;

A la succession d'Agnès Lapierre :

Au contrat au capital de cent soixante livres passé par
Jacques George et consorts, demeurant au faubourg du Pavé
de Verdun, au profit du dit Lapierre, déporté, reçu par
Thiébaut et son confrère Notaires en cette commune le 5 Juin
1781 ;

Au contrat au capital de soixante-six livres, passé par
Jean et Hilaire Mingotel, résident à Marchéville au profit du
dit Jean-Roch Delapierre ;

Au contrat de quatre-vingts livres, passé par Antoine Adam et Jean Jacquemot, de Mouilly, au profit dudit deffunt *(sic)* Lapierre;

Au contrat au capital de deux cents livres, passé par François Jacques demeurant à Montzéville, au profit dudit Lapierre ;

Au titre nouvel et reconnaissance d'un capital de cent cinquante livres, passé par Jean Gérard, de Fresnes, au profit du dit Lapierre.

Au sous-seing privé passé par Sébastien Touite, vigneron à Combre, pour un capital de quatre-vingt-dix livres, au profit du dit Lapierre;

« Fait et passé au dit Verdun, au domicile du sieur Cha-« denet, l'an 4me de la République Française, une et indivi-« sible, le vingt-deux ventôse (1). Lecture faite, les parties « ont signé avec nous notaires. Ainsi signé à la minute : « Delapierre, Chadenet, Dognon et Géminel. »

Jean de la Pierre avait été nommé à la Cure de Genicourt en 1769; il émigra en 1791 ; de 1791 à 1793, elle fut occupée par Jean-Nicolas Paquin, constitutionnel, ordonné par l'Evêque constitutionnel Aubry, le 23 avril 1791, qui fut transféré à Sommedieue en 1803 *(Pouillé du Diocèse de Verdun, par l'abbé Robinet).*

Le registre des baptêmes et mariages de Genicourt en 1797, débute par ces mots très remarquables, que l'on retrouve, du reste, au commencement de chaque acte : « L'an

(1) 18 Mars 1796.

« mil sept cent nonante sept, le deux d'août, nous, prêrte,
« curé de Récourt, de présent à Genicourt pour le ministère
« ecclésiastique *pendant la déportation de M. de la Pierre, curé*
« *canonique du dit lieu.* »

Ce digne prêtre signe : B. Créplot, curé de Récourt.

On retrouve pour 1803 deux registres, l'un pour les actes
de mariage, l'autre pour les actes de décès, écrits et signés
de la main de M. de la Pierre ;

M. de la Pierre est décédé le 7 brumaire an douze de la
République à 11 heures du matin, (30 octobre 1803); les
témoins à l'acte de décès étaient « le citoyen Jean-Baptiste
« Chadenet, âgé de trente-deux ans, neveu du dit de la Pierre
« du côté maternel, accompagné des citoyens Paul Berthe-
« lemy, âgé de quarante-sept ans, cultivateur, domicilié dans
« la commune de Genicourt et de Nicolas Burlin, âgé de
« soixante ans, aussi cultivateur au dit Genicourt. Signé au
« registre, François-Paul Barthelemy, Chadenet ; N. Burlin, »
puis plus bas, « Joseph Burlin, maire de la commune de
« Genicourt. » (1)

Il serait regrettable de ne pas mentionner, en terminant,
un incident grotesque, qui se produisit après la Révolution du
24 février 1848, et amusa beauconp les habitants de Damvillers et des localités voisines. Un nomme V..., domicilié à
Damvillers, vint par le chemin Entre-deux-Côtes, avec

---

(1) Les documents sur le rectorat et les dernières années de l'Abbé Jean Roch de la Pierre
nous ont été fournis avec la plus aimable obligeance par M. l'Abbé Leblanc, Curé de Géni-
court-sur-Meuse, que nous prions d'agréer le respectueux hommage de notre vive reconnaissance.
Pour les détails historiques sur le Général Baron Henry et M. F. J. B. Chadenet, consul-
ter la publication éditée par M. A. Renvé, imprimeur à Verdun.

quelques individus fort animés, pour procéder, conformément aux théories des Cabet, des Proudhon, etc., au partage
de la propriété de Mureau. Il s'arrêta près du tourniquet, qui
facilitait le passage à travers le parc de la Grande-Prairie (sup-
primé depuis), proféra avec de grands gestes, des paroles
révolutionnaires, et se retira avec ses acolytes.

C'était un précurseur des doctrinaires Jaurès, Thivrier et
autres socialistes, qui ajoutent aux moyens honnêtes d'acquérir la propriété, sanctionnés par le Code civil, la confisca-
tion, le vol et l'incendie, mis en pratique par leurs adeptes à
Armentières, dans les établissements industriels de Meurthe-et-Moselle et ailleurs.

Nous avons omis de mentionner, page 33, que M. Gossin
fut chargé de présenter à l'Assemblée législative, le 30
Mai 1791, le rapport sur le transport au Panthéon du corps
de Voltaire (1).

(1) Frédéric Masson : *le Déisme pendant la Révolution.*

www.ingramcontent.com/pod-product-compliance
Lightning Source LLC
LaVergne TN
LVHW022324170726
843503LV00006B/2699